PETITES ÉTUDES D'ÉCONOMIE SOCIALE

1re ÉTUDE

LE FAUX ET LE VRAI LIBRE-ÉCHANGE

Nouvelle édition avec un Post-Scriptum, Notes et Documents

par Eugène de MASQUARD,

membre des Sociétés d'Agriculture du Gard, de Vaucluse, de la
Haute-Garonne, des Agriculteurs de France, etc,
collaborateur aux journaux suivants :
Journal d'agriculture pratique, *d'agriculture progressive*,
l'Industrie française, *la Ligue de l'Agriculture*, Paris ;
le Moniteur des soies, *le Courrier du Commerce*,
l'Echo agricole, Lyon ; *le Midi*, Nimes ; *le
Commercial et maritime*, Cette ; etc.

> O fortunatos nimium, sua si bona norint
> Agricolas !
> O fortunés laboureurs s'ils savaient connaître
> le bonheur . d'habiter l'Amérique !
> (Virgile, traduction libre et moderne)
>
> A ceux qui ont il leur sera donné, et à ceux
> qui n'ont rien il leur sera enlevé même ce qu'ils
> ont !
>
> Selon que vous serez puissants ou misérables,
> vous serez protégés ou abandonnés sans pitié à
> la concurrence étrangère
> (Evangiles selon saints Rouher, Devès,
> Mallaud et Rouvier)
>
> Tant plus ça change, tant plus c'est la même
> chose.   GAVROCHE

PRIX : 50 Centimes.

PARIS
LIBRAIRIE AGRICOLE — Rue Jacob, 26.
NIMES
CHEZ L'AUTEUR — Rue Raymond-Marc, 10
ou à Saint-Cesaire-les-Nimes.

1881

RÉCOMPENSES AGRICOLES OBTENUES
par l'Auteur,

Exposition universelle de PARIS, 1855.

MÉDAILLE DE BRONZE pour ses *soies et ses cocons.*

Société d'Horticulture et de Botanique du Gard, concours de 1862.

MÉDAILLE D'ARGENT pour une *collection de Pélargoniums nouveaux.*

Concours agricole régional de NIMES, 1863.

MÉDAILLE DE BRONZE pour son *vin nouveau ;*
—   —   — *animaux de basse-cour ;*
—   —   — *fraises et asperges.*

Concours agricole régional d'AVIGNON, 1866.

MÉDAILLE D'ARGENT pour ses *vins nouveaux et vieux.*

Société d'Insectologie agricole. PARIS, exposition de 1868.

MÉDAILLE D'ARGENT pour son ouvrage : *les Maladies des vers à soie.*

Si l'auteur s'est plu à étaler sur cette page les récompenses obtenues par ses produits, dans les rares concours où il les a présentés, c'est seulement pour montrer qu'il n'est pas un agriculteur de cabinet ou de laboratoire, mais un vieux praticien.

PRINCIPALES PUBLICATIONS

du même.

1852   *Mémoire sur la sériculture de l'Italie septentrionale.* (Bulletin du Comice agricole d'Alais).

1853   *De l'éducation des vers à soie d'après les principes suivis en Lombardie.* (Opuscule distribué gratuitement à plusieurs milliers d'exemplaires).

1854-55 *Des causes de la dégénérescence des vers à soie et des moyens d'y remédier (Courrier du Gard* et autres journaux du Midi).

1855-56 Procédé contre la muscardine (breveté à l'exposition de 1855) et institution de primes de 350 à 400 fr. pour les éducations destinées au grainage les mieux réussies dans chaque arrondissement du Gard, en suivant le système indiqué par l'auteur.

1857-60 Grave maladie et longue convalescence de l'auteur.

1866   *La voirie rurale dans la commune de Nîmes (Courrier du Gard* des 22, 23, 25 et 26 août 1866).

     L'auteur eut le bonheur assez rare de pouvoir faire appliquer ses théories sur l'entretien de la voie rurale avant même de les avoir publiées ; et aujourd'hui, grâce à son initiative et à la peine qu'il y a prise, à titre seulement officieux, la grande commune de Nîmes possède une des voiries les mieux entretenues qu'il y ait en France.

1866   *Etude sur la réforme de la police rurale à Nîmes (Courrier du Gard* des 1er, 6 et 17 décembre 1866).

     Pour ce service, l'auteur n'a pas eu la même chance : ses théories sont restées en plan ; mais il espère beaucoup aujourd'hui dans l'intelligent patriotisme et la fermeté du maire actuel de Nîmes, M. Ali Margarot, et du nouveau conseil municipal.

1868   *Les maladies des vers à soie et les moyens de les prévenir* . . . . 1 fr. 75

     Ouvrage honoré d'une médaille d'argent à l'exposition des insectes, d'une mention honorable à la Société d'accli-

matation, de la souscription du Ministère
Sociétés d'agriculture. Se trouve à la Librairie
Jacob, 26, Paris, et chez l'auteur.

1869   *De l'éducation rationnelle des vers à soie et de la décentralisation de la sériculture en France.* Mémoire présenté au Congrès agricole de Lyon, en 1869. Brochure épuisée, mais se trouve dans le compte-rendu du Congrès de Lyon, 1869.

Cet ouvrage a été traduit en anglais, en Californie, au Canada et dans plusieurs autres contrées de l'Amérique.

1870   *Du rôle actuel des Sociétés d'agriculture.* Brochure épuisée ; se trouve dans le bulletin des Sociétés d'agriculture du Gard et de Vaucluse.

1876   *Le Congrès séricole international de Montpellier et les doctrines de ses principaux membres* .... 0 fr. 75
Reste quelques exemplaires à la Librairie agricole.

1878-79   *Les chemins de fer et les canaux d'irrigation.*

L'ajournement de la proposition Destrema, demandant une enquête sur les malheurs agricoles du Midi.

La pétition des sériculteurs et le faux libre-échange
Opuscules adressés à tous les sénateurs, députés, journaux parisiens, aux ministres et chefs de bureaux, à tous les préfets, sous-préfets et maires de la région du Midi.

1880   *Le troisième fléau régnant* .... 1 fr.
Pastorale dédiée aux membres de l'Académie de médecine.— Reste quelques exemplaires chez l'auteur.

EN COURS DE PUBLICATION

et paraissant par séries de trois

PETITES ÉTUDES D'ÉCONOMIE SOCIALE

1881   *I.— Le faux et le vrai libre-échange*
II.— L'Empire réhabilité par la République.
III.— De la prétendue nécessité de sacrifier l'agriculture française à l'agiotage et au grand commerce de transit et d'exportation.

Nîmes, Typ. Clavel-Ballivet et Cⁱᵉ, rue Pradier, 12

PETITES ÉTUDES D'ÉCONOMIE SOCIALE

1re ÉTUDE

LE FAUX ET LE VRAI LIBRE-ÉCHANGE

Nouvelle édition avec un Post-Scriptum, Notes et Documents

par Eugène de MASQUARD,

membre des Sociétés d'Agriculture du Gard, de Vaucluse, de la
Haute-Garonne, des Agriculteurs de France, etc.,
collaborateur aux journaux suivants :
*Journal d'agriculture pratique, d'agriculture progressive,
l'Industrie française, la Ligue de l'Agriculture*, Paris ;
*le Moniteur des soies, le Courrier du Commerce,
l'Echo vinicole*, Lyon ; *le Midi*, Nimes ; *le
Commercial et maritime*, Cette ; etc.

O fortunatos nimium, sua si bona norint
Agricolas !
O fortunés laboureurs, s'ils savaient connaître
le bonheur,... d'habiter l'Amérique !
(VIRGILE, traduction libre et moderne).

A ceux qui ont il leur sera donné, et à ceux
qui n'ont rien il leur sera enlevé même ce qu'ils
ont !

Selon que vous serez puissants ou misérables,
vous serez protégés ou abandonnés sans pitié à
la concurrence étrangere.
(EVANGILES selon saints Rouher, Devès,
Millaud et Rouvier).
Tant plus ça change, tant plus c'est la même
chose.   GAVROCHE.

PRIX : 50 Centimes.

PARIS
LIBRAIRIE AGRICOLE — RUE JACOB, 26.
NIMES
CHEZ L'AUTEUR — RUE RAYMOND-MARC, 10
ou à Saint-Cesaire-les-Nimes.

1881

A MES PETITS-ENFANTS

Georges et Berthe Combet, Eugène et Angèle Arnaud, Jeanne Paraige.

~~~~~~~~~~~~~~~~~

Chers Petits,

Je vous dédie ces études : d'abord pour vous laisser un souvenir un peu volumineux de mes publications qui, très-éparpillées, soit en articles de journaux, soit en mémoires aux sociétés d'agriculture, soit en opuscules que l'oubli et le vent emporteront au vieux papier, risquent fort de ne pas parvenir jusqu'à vous; ensuite dans l'espoir que l'un de vous se fera un devoir de travailler, à ses moments perdus, à éclairer une des questions que je n'aurai fait qu'indiquer, n'ayant d'autre prétention que celle d'être l'un des cantonniers de la voirie sociale, comme j'ai été, il y a une vingtaine d'années, le cantonnier ou agent voyer officieux de la voirie rurale de la commune de Nîmes, qui doit sa restauration à mon initiative persévérante (1).

(1) Lisez *la Voirie et la Police rurales à Nîmes — Courrier du Gard*, numéros des 22, 23, 25, 26 août, 20 septembre, 1er, 6 et 17 décembre 1866. — La collection du *Courrier du Gard* se trouve à la bibliothèque de la ville de Nîmes.
~~~~~~~~~~~~~~~~~

Je suis né, mes chers enfants, avec l'horreur des orniè-res, et je voudrais vous inspirer aussi cette salutaire hor-reur; voilà pourquoi je tiens à ce que vous puissiez lire quelque chose de moi, lorsque vous serez grands.

Peut-être trouverez-vous que j'aurais mieux fait de m'oc-cuper exclusivement à vous gagner de l'argent. Eh bien, non. D'abord, parce que je n'écris guère qu'aux moments de loisir que me laissent mes occupations agricoles et *vinico-les*; et que, si au lieu d'employer ces loisirs à étudier et à écrire, je les avais employés à jouer au billard, aux cartes, à fumer et à boire l'absinthe, je ne vous aurais pas gagné davantage d'argent, peut-être moins; car pour se distraire sans avoir recours à un travail différent, cela coûte cher. Et lors même que j'aurais laissé un gros magot, que vos pè-res auraient beaucoup grossi, il en serait résulté pour vous que, croyant pouvoir vivre de vos rentes, vous seriez de-venus de petits *gommeux* comme on en voit tant, aussi inu-tiles que malheureux (1), tandis que, obligés de gagner vo-tre vie, d'avoir un état, vous prendrez de bonne heure l'ha-bitude du travail; et le travail, c'est la consolation de l'homme comme de la femme dans les dures épreuves de cette vie.

Si l'oisiveté est la mère de tous les vices, si elle ronge les forces comme la rouille ronge le fer, le travail est le père de toutes les vertus, le père de la santé et du bonheur. Le travail continu donne une activité si salutaire à la circula-tion du sang et des humeurs, que l'homme habitué au tra-vail se porte toujours mieux et vit plus longtemps que celui dont les humeurs croupissent par l'inaction.

Que les peuples de la zone torride, énervés par une très-

---

(1) Voir la fin de la dédicace de mon ouvrage *les Maladies des vers à soie.*

chaude température, et qui mettent leur bonheur à regarder constamment le bout de leur nez ou la fumée de leur pipe, aient pu considérer le travail comme une punition divine, cela se comprend ; mais pour les peuples plus actifs des zones tempérées ou froides, le travail n'est pas une punition, mais une récompense, la plus grande des consolations dans l'adversité ; c'est, en un mot, l'agent le plus puissant de bonheur et de moralisation qui existe sur la terre.

Je vous dirai donc, mes chers enfants, avec le laboureur de la Fontaine dont vous apprenez les fables :

> Travaillez, prenez de la peine,
> C'est le fond qui manque le moins.

Avec l'amour du travail, ayez aussi celui de la vérité et de la justice, et le reste vous sera donné par surcroît. C'était déjà un Romain de la décadence, celui qui dit (comme vous le verrez dans l'histoire) : « *Vertu, tu n'es qu'un mot* ». La preuve que Brutus était un Romain dégénéré, c'est qu'il s'était imaginé pouvoir rendre la liberté à Rome par le meurtre de César.

Or, l'on aurait beau tuer le même jour tous les tyrans de la terre, que cela ne rendrait pas la liberté à un seul peuple, si ce peuple est incapable de renoncer aux vices, aux mollesses, aux lâchetés civiques qui lui ont fait perdre sa liberté.

Lorsque vous serez devenus des hommes, qu'on ne vous entende jamais dire comme certains qui se croient très-sages : « Moi, je ne m'occupe pas de politique. » Si les sages, ou se croyant tels, ne s'occupent pas de politique, c'est laisser le champ libre aux fous et aux intrigants. Certainement il ne faut pas délaisser entièrement ses affaires pour les affaires publiques ; mais il ne faut pas non plus se désintéresser entièrement des questions d'intérêt général, parce que l'intérêt général est une roue dont les intérêts privés forment les rayons.

Sans être aussi paysan du Danube que votre grand-père, auquel on reproche de l'être un peu trop, ne vous engagez jamais dans l'innombrable légion des Pandore, cette plaie de notre époque.

N'imitez jamais les sottises des autres, et contentez-vous de celles que vous pourrez inventer; vous en aurez encore un stock suffisant.

Si vous avez un peu plus ou un peu moins d'argent que d'autres, ne croyez pas pour cela valoir plus ou moins qu'eux.

> Les hommes sont égaux : ce n'est pas la FINANCE,
> C'est la seule vertu qui fait la différence.

a dit un poète que j'arrange au goût du jour.

Ne soyez pas de ceux qui croient à tout ni de ceux qui ne croient à rien.

Ne placez pas votre tente sur la montagne : la montagne a trop souvent la tête entourée de nuages; ni dans la plaine : la plaine renferme dans son sein des mares d'eau croupissantes, dont les émanations corrompent l'air et les consciences; mais placez votre habitation sur la colline : en viticulture, en apiculture, en sériculture, en politique, en religion, en tout, c'est sur la colline que se trouvent les meilleurs produits.

Aimez le progrès, non pas le progrès qui va à pas de lièvre, par sauts et par bonds, un en avant, deux en arrière, mais le progrès à pas de tortue. Au reste, regardez-y de bien près; car la plupart du temps on vous donnera pour du progrès, pour du nouveau, des vieilleries oubliées depuis longtemps (1).

(1) Voir ma brochure : *le troisième fléau régnant.*

Aimez la liberté, toutes les libertés ; mais sachez qu'elles sont toutes filles de la justice, et que, comme le dit un proverbe languedocien très en usage à Saint-Césaire : *Quaou voou lou rasin, faou qué caressé la souca.*

Si, atteints du mal moderne, vous voulez courir à la fortune en chemin de fer, ne prenez ni l'exprès, ni le rapide : ce sont les trains qui déraillent le plus souvent ; mais prenez le train omnibus : il est lent, mais on est plus sûr d'arriver.

Le sage dit : O Dieu ! ne me donne ni pauvreté ni richesse, mais donne-moi le pain qui m'est nécessaire. Et moi, qui ne suis pas très-sage, je vous dis : Que Dieu vous donne pauvreté ou richesse, santé ou maladie, remerciez-le toujours de vous avoir fait naître et de vous avoir ainsi fourni l'occasion d'admirer ses œuvres.

Et vous, mes charmantes petites-filles, si vous ne voulez détruire votre santé, ne vous serrez jamais la taille ; rien n'est si laid qu'une taille mince : ni la Vénus de Médicis, ni la Vénus de Milo, ni la Diane chasseresse, ni aucune des admirables statues de femmes de l'antiquité, n'ont des tailles de guêpe : la taille de guêpe est un de ces mille préjugés nuisibles dont vous ferez bien de vous garder.

Et si vous ne voulez pas déformer votre esprit, votre jugement, comme le corset vous déformerait la taille, ne lisez jamais de romans, surtout des romans français. En présentant la vie sous un jour faux, baroque, absurde, les romans nuisent grandement au bonheur de ceux qui en font leur nourriture habituelle. Par le travail seul, vous pourrez vous sauver du roman.

C'est à sa mauvaise littérature, a dit je ne sais plus quel célèbre écrivain étranger, que la France doit tous ses malheurs et la décadence morale dans laquelle elle est en train de tomber.

Ne cherchez pas à devenir des *« bas-bleus »* ; mais tâ-

chez, par des lectures sérieuses, d'acquérir des connais-
sances variées, afin de pouvoir être pour vos maris de véritables compagnes. Avec un peu d'instruction, la femme
acquiert une plus grande élévation morale; alors elle peut
mieux aider, soutenir, encourager son mari dans les épreuves de cette vie. Et elle-même sait supporter ces épreuves
avec plus de résignation et de courage.

Aimez les arts, la peinture, la musique, comme simple
distraction, comme exercice intellectuel, mais sans y con-
sacrer trop de temps.

Si, lorsque vous serez en puissance de mari, ceux-ci ve-
naient à négliger leurs devoirs de citoyens, comme ce
n'est que trop la tendance de l'époque, c'est à vous autres
de les y ramener, avec douceur autant que possible, mais
avec persistance; sinon vos enfants, que vous aurez bour-
rés de tisanes pour le moindre rhume, auxquels, selon
l'usage, vous mettrez un cache-nez pour traverser la rue, le
despotisme, par des guerres insensées, vous les enverra
coucher dans la neige, ce à quoi le cache-nez et les tisanes
les auront assez mal préparés.

En résumé, mes chers petits-enfants, faites tous vos efforts pour devenir un jour de bons citoyens, de bons pères
et de bonnes mères de famille; mais pour y parvenir, il
faut d'abord continuer à être des enfants soumis et respectueux envers vos parents, et vous habituer, dans votre jeunesse, à ne rechercher que le simple, le vrai et le naturel,
parce que le simple, le vrai et le naturel seuls sont beaux et
bons.

En outre, soyez toujours doux, serviables et indulgents
pour vos semblables; c'est-à-dire n'oubliez jamais que :

> Le fabricateur souverain
> Nous créa besaciers tous de même manière,
> Et fit pour nos défauts la poche de derrière,
> Et celle de devant pour les défauts d'autrui

Enfin, mes enfants, quelles que soient les contrariétés et les infortunes que vous rencontrerez dans cette vie, ne vous laissez jamais aller au découragement, parce que, comme le dit le bon Lafontaine et comme le dit en d'autres termes un proverbe japonais que je préfère vous citer : *Le ciel vient toujours au secours de ceux qui ne lui laissent pas tout à faire* (1).

Saint-Césaire-les-Nimes, 5 janvier 1881.

(1) Lisez aux notes et documents : *le Discours d'inauguration de la bibliothèque de Saint-Césaire*. Voir aussi aux documents *des Maladies des vers à soie*, le Yo-san-fi-rok (l'art d'élever les vers à soie au Japon).

INTRODUCTION.

« Ce qui distingue les Français », répondait Gœthe à Napoléon Ier, « ce n'est point leur société policée, leurs » sciences, l'éclat de leurs victoires ; c'est qu'ils ne savent » pas la géographie ».

La dernière guerre a prouvé combien ce célèbre Allemand disait vrai. Mais savons-nous mieux l'histoire, ou du moins la comprenons-nous bien au point de vue philosophique? Comparons Macaulay avec nos meilleurs historiens. Connaissons-nous mieux l'économie politique ou sociale? Encore moins. Il n'y a, pour s'en convaincre, qu'à étudier nos traités de commerce avec les nations étrangères, et nous verrons que celles-ci ont toujours abusé de notre candeur pour mettre tous les avantages de leur côté.

Il n'y a pas à le cacher, mais au contraire à le dire bien haut, afin que tous nous sentions mieux le besoin d'y apporter remède ; la France est une nation d'ignorance publique : voilà pourquoi nous nous sommes attardés sur une foule de questions qui devraient être résolues depuis longtemps ; voilà pourquoi, en économie politique, nous entrons à peine dans la période de l'utopie, alors que bien d'autres nations, les Etats-Unis, l'Angleterre, l'Allemagne même (1), en sont déjà à la période pratique.

Si les prochaines élections législatives ne se font pas enfin sur la question *économique*, nous verrons la nouvelle Chambre, comme nous voyons l'expirante, se battre les flancs sans ne pouvoir faire que quelques pas chancelants et timides dans la voie du véritable progrès, lorsqu'elle sera assez heureuse pour ne pas lui tourner le dos.

Mais pour que les électeurs puissent se prononcer sur cette question, ou tout au moins la poser à leurs futurs mandataires, et les forcer ainsi à s'en occuper, il est urgent que quelques notions élémentaires et saines en soient mises sous leurs yeux.

C'est le but de ces petites ébauches, que j'aurais voulu présenter dans un ordre plus méthodique ; mais le temps presse : une ligue puissante d'économistes *rurophobes* , ayant pour devise : *Tout pour le producteur et pour le consommateur étrangers*, travaille de toutes ses forces à faire enchaîner la liberté commerciale et fiscale de la France par des traités de commerce dans lesquels, comme dans le tarif des douanes voté par la Chambre des députés, les intérêts agricoles seront complètement sacrifiés. Et la ruine de l'agriculture, c'est la ruine de la France, quelle que soit la forme ou le nom de son gouvernement.

Agriculteurs du Midi, voilà près de trente ans que, par tous les moyens de publicité qui ont été en mon pouvoir, je cherche à vous prémunir contre les dangers qui vous menacent. Jusqu'ici j'ai prêché dans le désert ; malgré cela, voulant accomplir jusqu'au bout mes devoirs de citoyen, de père de famille et de publiciste campagnard, je viens au-

(1) Voir le remarquable discours de M. de Bismark au Reischtag. Ce discours se trouve reproduit dans le *Journal d'agriculture pratique*, numéros des 12 juin et 3 juillet 1879.

jourd'hui vous crier de toutes mes forces : Agriculteurs, sortez donc enfin de votre long sommeil; levez-vous comme un seul homme pour courir à la défense de vos intérêts très-gravement compromis; fondez des journaux ou écrivéz dans ceux qui sont à votre portée; formez des syndicats jusque dans les plus petites communes; cherchez en un mot, par tous les moyens possibles, à éclairer le gouvernement et l'opinion publique que l'on est parvenu à tromper, si vous ne voulez voir la misère, qui est déjà à votre porte, s'asseoir pour toujours à votre foyer.

Les corpuscules et les microbes de la *rurophobie*, cette maladie épidémique et contagieuse dont mourut la république romaine, envahissent le sang et tous les organes de notre jeune république, et la conduiront infailliblement à la mort (1).

Le Sénat, dans la justice et l'esprit pratique duquel vous avez mis votre dernier espoir, quoiqu'il paraisse plein de bonne volonté à votre égard, augmentera toutes les protections accordées aux produits manufacturés, et, comme la Chambre des députés, abandonnera à une concurrence sans frein les produits de l'industrie agricole, pour ces produits : ni protection, ni droits compensateurs, pas même de simples droits fiscaux, quand c'est le contraire qui serait juste et patriotique (2). En effet, l'agriculture *est la seule industrie qui devrait être protégée.*

(1) Selon un moderne et illustre savant. continuateur et augmentateur de feu l'illustre chimiste Raspail, toutes les maladies animales ou humaines auraient pour cause la présence de corpuscules, microbes, bactéridies et autres *canards microscopiques* qui volent dans les airs, s'introduisent et nagent dans tous les liquides vivants ou morts. Cet illustre académicien se fait, dit-on, bon an mal an, une cinquantaine de mille francs de rente par la culture desdits canards, culture bien plus lucrative que celle du canard domestique.

(2) La commission du Sénat a voté un droit de 6 à 8 fr. sur les

Que de prétendus libre-échangistes (vieille queue du saint-simonisme) viennent dire à une industrie manufacturière quelconque : « Péris si tu ne peux, sans protection, soutenir la concurrence étrangère », cela peut jusqu'à un certain point se comprendre, parce que tel terrain qui porte aujourd'hui des métiers à filer ou tisser la soie peut demain porter des métiers à filer ou tisser la laine, le coton, etc., et que telle industrie manufacturière, qui fait aujourd'hui la richesse d'une contrée ou d'une ville française, peut demain, avec des capitaux français (le capital est cosmopolite), quitter la France, qui l'avait à grands frais protégée dans sa jeunesse, et aller enrichir l'étranger ; mais qu'à l'agriculture, qui est le sol, et le sol c'est la patrie ; mais qu'à la patrie on puisse dire : Péris, si tu ne peux soutenir la concurrence étrangère, c'est impossible, parce que ce serait monstrueux et antipatriotique.

Et pourtant cela est !... Vieux républicains, frappons-nous la poitrine, car il y a certainement de notre faute. Cela est, et la France est en république ; du moins tel est le nom de son gouvernement, et ce gouvernement a pour principal dogme l'égalité devant la loi.

Cependant, malgré le droit de l'agriculture à être seule protégée contre la concurrence étrangère, non-seulement parce qu'elle est la patrie, mais aussi parce qu'elle donne du travail aux trois quarts de la nation, et que c'est surtout d'elle qu'on peut dire : « Lorsqu'elle va, tout va », elle est habituée depuis si longtemps à être traitée en bouc émissaire, en bête de somme de la société, qu'elle borne aujourd'hui son ambition à demander *le droit commun*, à sa-

---

étoffes de soie ; 1 fr. sur les soies ouvrées, 2 fr sur les soies grèges et 0 sur les cocons ; c'est là, comme la Chambre, verser dans le sophisme des *matières* dites *premières*. Or, tant que ce sophisme sera triomphant, les agriculteurs n'obtiendront aucune justice.

voir : 1° que le capital argent, qui rapporte des intérêts ou des profits considérables, supporte *relativement* les mêmes charges fiscales que le capital terre, qui rapportait à peine 1 ou 2 °/₀ autrefois, et aujourd'hui, de plus en plus, rien ; 2° que si, par les nouveaux tarifs de douanes en discussion au Sénat, les produits de l'industrie agricole sont livrés sans compensation à la concurrence étrangère, les produits des autres industries le soient également. Donc : *égalité devant l'impôt, libre concurrence ou protection pour tous,* est, en économie politique, la devise des agriculteurs (1), et c'est aussi celle des vrais républicains et des vrais libre-échangistes ; attendu que la liberté sans la justice, c'est le despotisme, le monopole pour quelques-uns, et l'esclavage, la spoliation pour tous les autres.

Comme l'économie sociale comprend tout ce qui intéresse l'homme vivant en société, ce qui est pour lui l'état naturel, des sujets assez divers seront traités dans ces petites ébauches que je continuerai tant que Dieu, la Providence, le hasard ou le destin m'en donneront le courage et la force.

(1) Voir les *Comptes rendus de la Société des Agriculteurs de France.* — Annuaire de 1880. Voir aussi aux Notes et Documents · *Des nouveaux impôts et des traités de commerce.*

Extrait du **Moniteur des Soies** *de Lyon*

Des 22 février, 8 et 15 mars 1879.

LE FAUX ET LE VRAI LIBRE-ÉCHANGE

Nouvelle édition rafraîchie.

Nous avons publié, dans le *Moniteur des soies* du 10 août 1872, un travail de notre collaborateur M. de Masquard, intitulé : *La pétition des sériculleurs et le faux libre-échange*. Cette publication, reproduite plus tard dans le *Midi*, de Nimes, a été critiquée dans le même journal par M. L. Dombre, président du Tribunal de commerce de Nimes. Nous regrettons que l'abondance des matières nous empêche de reproduire en entier les critiques de M. Dombre ; mais nous ne pouvons refuser à notre courageux et infatigable collaborateur de mettre sous les yeux de nos lecteurs la remarquable étude qu'il nous adresse à cette occasion, sur la question économique (1).

I.

A M. Léon Dombre, président du Tribunal de commerce de Nimes, et membre de la Société d'agriculture du Gard.

Permettez-moi, cher collègue, de vous remercier de l'honneur que vous avez bien voulu me faire en critiquant, dans le *Midi*, du 24 janvier, celle de mes dernières publi-

(1) Voir le journal le *Midi*, du 5 février 1879 et nos suivants.

2

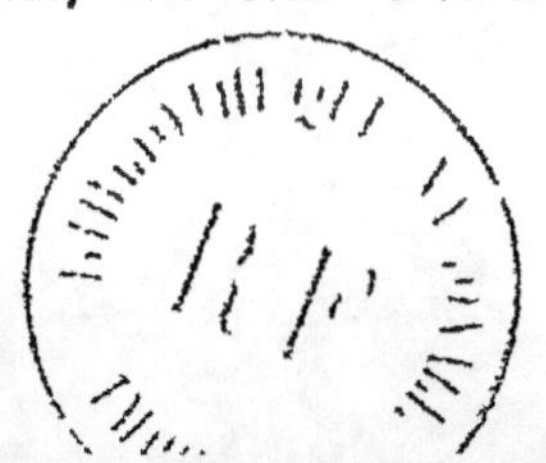

cations intitulée : *La pétition des sériculteurs et le* FAUX LIBRE-ÉCHANGE (1).

Le point important de votre lettre est la question des *matières premières*, que je laisserai pour aujourd'hui de côté, dans l'espoir qu'une plume plus autorisée et moins rustique que la mienne voudra bien la traiter avec tous les développements qu'elle comporte. Pour le moment, je me bornerai à relever les quelques points accessoires sur lesquels nous ne sommes pas d'accord.

Vous trouvez « au moins singulières » (le mot est un peu dur pour un collègue) mes critiques des travaux de M. Pasteur. Mais, Monsieur, je ne suis pas le seul, comme vous paraissez le croire, à avoir critiqué cet illustre personnage : le très-savant docteur Joly, membre de l'Institut et professeur à la Faculté des sciences de Toulouse, l'éminent séricologiste docteur Luppi, de Lyon, dernièrement M. de Quatrefages, au Congrès pour l'avancement des sciences tenu à Paris pendant l'Exposition, et une foule d'autres savants bacologues, tant italiens que français, ont eu, comme moi, la singulière audace de critiquer très-vivement les travaux de M. Pasteur sur les vers à soie. Quant aux théories de cet illustre académicien sur le rôle des infiniments petits, théories empruntées, dit-on, au savant chimiste Raspail et à mille autres pour tout ce qu'elles peuvent avoir de vrai, elles viennent d'être en grande partie démolies par une note posthume de Claude Bernard, publiée depuis peu par Berthelot (2).

(1) Ce travail, avec de légères modifications, a paru dans le *Journal d'agriculture pratique*, le *Moniteur des soies*, le *Midi*, etc., et, mis en brochure, a été adressé aux principales sociétés d'agriculture de France, aux députés, aux ministres et aux sénateurs.

(2) Voir dans les comptes rendus de l'Académie des sciences la polémique survenue à ce sujet entre MM. Pasteur et Berthelot. Ces

C'est-à-dire que, si l'idole menace de tomber par morceaux sous les coups qu'elle reçoit journellement, il serait injuste de ne s'en prendre qu'à moi seul (1).

Vous affirmez, avec une confiance digne d'une meilleure cause, que si nous avons eu « *quelques cocons* », c'est grâce à M. Pasteur, qui nous a indiqué le moyen de reconnaître les graines saines des graines malades. Avoir à sa disposition un procédé aussi avantageux et en être réduit à ne récolter que *quelques cocons* c'est, vous en conviendrez, *singulièrement* malheureux, et les Lyonnais, se faisant une arme de notre crédulité, ont raison de nous dire : Comment osez-vous vous plaindre ! la science vous a dotés d'un procédé sûr, non-seulement pour distinguer la bonne graine de la mauvaise, mais encore pour faire à volonté de la bonne graine, et avec cet avantage inouï vous prétendez ne pas pouvoir soutenir la concurrence de la Chine et du Japon, où l'éducation des vers à soie en est encore aux procédés primitifs en usage depuis quelque mille ans ; allons donc ! à qui ferez-vous croire cela ?

Il est certain que si les procédés de grainage de MM. d'Arbalestier, Joly, Ozimo, Cantoni, Béchamp, Matiflot, etc., vulgarisés par M. Pasteur, avaient la puissance que lui prêtent un grand nombre de gens portés au merveilleux, ce ne seraient pas « quelques cocons », mais des récoltes splendides, que nous aurions depuis plusieurs années ; des récoltes comme nous n'en avons jamais vues, ainsi que l'avait promis M. Pasteur dans son ardeur et son inexpérience de néophyte.

comptes rendus se trouvent dans les bibliothèques municipales de toutes les grandes villes

(1) Voir surtout les comptes rendus de l'Académie de médecine de 1879 et 1880, dans lesquels on lira, très-atténués, les magnifiques éreintements administrés à M Pasteur par MM. Bouillaud, Colin, Hervieux, Dépaul, et en dernier lieu par M Jules Guérin.

Cependant le savant chimiste appuyait ses espérances sur un raisonnement qui ne manquait pas de logique ; il se disait : la pébrine et la flacherie ont existé de tout temps , et pourtant on a, dans le passé et pendant une longues suite d'années, obtenu de très-belles récoltes. Or, à quel degré de prospérité ne va pas arriver la sériculture aujourd'hui que, par l'examen microscopique des papillons ou des chrysalides, nous pouvons, en écartant les reproducteurs atteints de l'une ou de l'autre de ces maladies, ne faire que des graines saines.

Dieu me garde d'entamer ici, à nouveau, la discussion des théories anti-scientifiques de M. Pasteur, afin de montrer par où elles pèchent ! Je me bornerai à constater combien peu ses superbes espérances se sont réalisées, puisque, comme vous l'avouez vous-même, nous en sommes réduits à ne récolter que « quelques cocons ».

Vous me demandez un procédé meilleur que le sien ? Je suis réellement peiné de voir qu'un collègue l'ignore ; mais ce ou ces procédés meilleurs, je les ai indiqués quinze ans avant que M. Pasteur n'eût vu un ver à soie pour la première fois de sa vie. (Probablement vous ne faisiez pas encore partie de la Société d'agriculture à cette époque.) Et si, malgré mes persévérants efforts, ces procédés ne sont pas aujourd'hui très en usage dans nos contrées, c'est parce que :

1° M. Pasteur, soutenu par M. Dumas et le gouvernement impérial, puis de plus fort par le gouvernement républicain, est venu mettre sa panacée empirique en travers, et que de tous temps les Français ont préféré gagner le ciel en achetant des indulgences qu'en suivant le chemin épineux de la vertu.

2° Que l'on est rarement prophète dans son pays , puisque c'est souvent dans sa ville natale que l'on est le moins connu. Mais si les procédés que je préconise depuis trente ans sont, malgré tout le mal que je me suis donné, peu en usage dans nos contrées, ils le sont généralement dans les Basses-Alpes, les Pyrénées-Orientales, en Chine, au Japon, et en un mot partout où l'on fait de la bonne graine et où les récoltes sont abondantes ; et si le microscope a pu avoir quelques succès, ce n'a été qu'en allant opérer là où ces procédés sont mis en pratique (1).

Si je me suis, malgré moi, laissé entraîner à la petite course que je viens de faire sur le champ de la sériculture, ç'a été : 1° dans l'espoir de vous être agréable en vous prouvant que votre collègue a quelques droits à croasquer M. Pasteur, qui est venu sur son propre terrain non pas glaner, mais moissonner décorations et pensions pendant que l'industrie sérigène allait de mal en pis, et ensuite pour prémunir les éducateurs qui me liront contre une tactique très-habile de leurs adversaires, laquelle consiste à exalter le microscope et les services qu'il peut rendre, afin de diminuer, d'un côté, l'intérêt que pourraient exciter leurs réclamations douanières, et d'un autre côté afin de diminuer leur ardeur à poursuivre leurs revendications qui seraient, disent-ils, rendues inutiles par les procédés d'un avantage immense que la science officielle a mis à leur disposition, mais que leur amour de la routine les empêche de mettre en pratique, tandis que la vérité est que les

(1) Voir mes nombreux articles de *Sériculture pratique* publiés en 1852, 1853 et 1854, dans le *Courrier du Gard* ; ma brochure intitulée : *De l'éducation des vers à soie d'après les principes suivis en Lombardie*, parue à la même époque et répandue gratuitement à plusieurs milliers d'exemplaires; mon ouvrage *Les maladies des vers à soie*, paru en 1868 ; mon mémoire sur l'*Éducation rationnelle* et la *décentralisation de la sériculture en France*, présenté au Congrès agricole de Lyon en 1869 ; mes innombrables articles sur la sériculture publiés dans le *Moniteur des soies* et divers autres journaux vivants ou morts depuis

éducateurs, circonvenus par les réclames mirobolantes des journaux officiels et officieux, consentent à payer, au poids de l'or, les graines pasteurisées qui ne leur donnent, la plupart du temps, que des mécomptes, à moins qu'elles n'aient été produites dans des localités où la maladie des vers à soie n'existe pas.

Mais laissons M. Pasteur cuire dans sa gloire — en ruolz, — (comme toutes les gloires Bonapartistes) et passons à la question économique pour laquelle je reconnais ma complète insuffisance, ce qui m'oblige à réclamer l'indulgence de mon éminent et si autorisé contradicteur.

II.

M. le président du tribunal de commerce, comme tant d'autres, attribue à l'Empire, et principalement aux traités de commerce, soi-disant libre-échangistes, de 1860, le grand mouvement industriel et commercial qui a eu lieu, non pas depuis 1860, mais depuis vers le milieu de la monarchie de Juillet, et pendant lequel nos vins du Midi se sont vendus à des prix d'autant plus élevés que pendant plusieurs années consécutives les récoltes vinifères des autres contrées de la France furent détruites par la gelée ou par l'oïdium, qui y fit des ravages plus considérables et beaucoup plus prolongés que dans nos terrains si secs du Midi.

Ce grand mouvement industriel et commercial, dont nous avons aujourd'hui à payer les frais et surtout les excès, n'est dû ni au régime impérial, qui l'aurait plutôt enrayé si c'eût été possible, ni au libre-échange qui pourra un jour répondre comme l'agneau de la fable : *Comment l'aurais-je fait, si je n'étais pas né*, ni aux traités de 1860, qui ont été plus nuisibles qu'utiles, comme je le prouverai plus loin ; mais il est dû à l'emploi de la *vapeur* et de *l'électricité* ; la preuve, c'est que ce mouvement s'est produit, non-seulement en France, non-seulement en Europe, mais dans le monde entier.

Avec la création des chemins de fer, de la marine à vapeur, de la télégraphie électrique, en un mot, avec des facilités inouïes de communication, les transactions commerciales devaient naturellement prendre des proportions inouïes : c'est ce qui est arrivé, sans qu'on puisse en rapporter le mérite à aucun gouvernement en particulier ni à aucun traité de commerce.

« N'attribuons pas, dit M. Dombre, aux traités de 1860, qui ont inauguré en France le régime de la liberté commerciale, les souffrances passagères, nous l'espérons, de notre agriculture ».

Hélas ! je suis bien peiné d'avoir encore ici à détruire de fond en comble les illusions de mon éminent contradicteur ; mais je suis bien forcé de lui prouver que non-seulement les traités de 1860 n'ont pas inauguré l'ère de la liberté commerciale, mais qu'ils l'ont au contraire fermée ou tout au moins rendue pour longtemps impossible puisque, comme il le dit lui-même, tout le monde attribue aujourd'hui nos misères agricoles et industrielles à la liberté commerciale, et ne voit de remède que dans un retour exagéré à la protection sans masque, qui a au moins le mérite de la franchise.

Ce qu'il y a de pire pour un bon principe, ce n'est pas tant d'être bien attaqué par ses adversaires que d'être faussement appliqué par ceux qui se disent ses partisans.

Et certes, on ne pouvait faire une application plus malheureuse, plus fausse, de la liberté commerciale que par les traités de 1860.

Pour édifier à ce sujet le lecteur, qu'il me soit permis de mettre sous ses yeux les passages suivants, extraits d'un mémoire intitulé : *Les Nouveaux impôts et les traités de commerce*, que j'ai présenté, en 1872, à la Société d'Agriculture du Gard.

« L'Empire, de honteuse mémoire, était pour la science économique de la même force que pour la science militaire. En effet, il n'a pas été plus habile à conduire nos produits à Londres que nos armées à Berlin.

« Dans la période décennale de 1849 à 1859, avant les traités, nos exportations se sont accrues de 129 %. Dans la période suivante, sous le régime des traités, elles se sont accrues de 16 % seulement.

« Avant les traités, nos importations et nos exportations se développaient parallèlement ; l'avantage restait aux exportations ; sous l'influences des traités, « protection au rebours, chargeant les produits nationaux et déchargeant les produits envoyés par l'étranger » ; l'équilibre se rompt au profit des importations, excédant en 1869 sur 1859 : 889 millions ».

Mais on avait prétendu que ces traités avaient en vue surtout de favoriser les vignerons du Midi ; aussi, on se le rappelle, furent-ils reçus dans nos contrées avec une satisfaction excessive. Or, voici, d'après le mémoire déjà cité, de quelle manière favorable les intelligents et véridiques économistes de l'empire traitèrent la vigne française et ses produits :

Vins. — La France, d'après les traités de 1860, reçoit de tous les pays les vins à 0,30 c. par hectolitre, décime et double décime compris ; et pour faire recevoir les siens, elle paye : à l'Angleterre, 27 fr. 50 par hectolitre également ; à l'Espagne, 53 fr. ; à la Belgique, 23 fr. ; à la Russie, 36 fr. ; à l'Autriche, 30 fr. ; à l'empire d'Allemagne, 20 fr. les 100 kilos., fût compris ; aux Pays-Bas, 42 fr. l'hect. ; au Portugal, 62 fr. ; aux États-Unis, 50 p. % de la valeur.

Alcools. — La France reçoit de toutes les nations les

alcools à 15 fr. par hect. ; elle consent à payer pour qu'on reçoive les siens : à l'Espagne, 42 fr. ; à l'Allemagne, 40 francs ; aux Pays-Bas, 54 fr. ; à la Belgique, d'esprit pur, 58 fr. ; au Portugal, 68 fr. ; aux Etats-Unis, 213 fr. l'hect.

Vinaigres. — La France reçoit de toutes les nations les vinaigres au tarif unique de 2 francs l'hect., et elle paye pour faire recevoir les siens : au Portugal, 12 fr. 50 ; à l'Espagne, 8 fr. ; aux Pays-Bas, 8 fr. ; à l'Angleterre, 6 fr. 68 ; au Mexique, 16 fr. 30, etc.

Raisins. — La France reçoit les raisins frais et secs d'Espagne, d'Italie, du Levant et de tous les pays au prix unique de 0 fr. 30 les 100 kilos, tandis qu'elle consent à payer pour faire recevoir les siens : à l'Angleterre, 17 fr. 23 ; à la Belgique, 15 fr. ; à l'Italie, 8 fr. ; aux Pays-Bas, 5 fr., etc., etc. (1).

Oui! voilà ce que l'on nous a donné et ce que nous avons eu la naïveté de prendre pour du libre-échange fait en faveur de la viticulture française! Il est certain que, si l'on avait eu pour but d'encourager à nos dépens la viticulture chez nos voisins, on n'aurait rien pu trouver de mieux ; aussi ne faut-il pas s'étonner si, comme le dit M. Dombre, le courant californien ne viendra plus remplir les poches de nos vignerons, par suite du développement inouï de la culture de la vigne dans toutes les contrées de l'Europe (2).

C'est encore sous l'influence de cette école soi-disant libre-échangiste, très en honneur à Paris, Lyon, Saint-Etienne et tous les centres manufacturiers, qu'a été élaboré le traité,

___

(1) Voir aux *Notes et Documents*, les autres parties de ce mémoire.

(2) Cependant, quoique l'importation des vins étrangers ait considérablement augmenté ces dernières années, les ravages du phylloxera sont si étendus, malgré tous les insecticides employés, que les vins en sont arrivés à des prix très-élevés.

de commerce avec l'Italie, que les Chambres ont refusé de ratifier parce que, comme les traités de commerce de 1860, il est libre-échangiste pour la majorité de nos produits et protectionniste pour les produits italiens.

Voilà le libre-échange contre lequel l'opinion publique, non-seulement en France, mais dans toute l'Europe, crie *haro* avec juste raison; mais l'opinion publique a tort mille fois de confondre ce libre-échange fallacieux, qui sous les grands mots de *liberté commerciale, d'intérêt du consommateur*, n'a d'autre but que la *protection pour l'industrie manufacturière obtenue aux dépens de l'industrie agricole*, avec le vrai libre-échange qui, lui, ne veut sacrifier ni l'intérêt du producteur ni celui du consommateur, ni l'intérêt agricole, ni l'intérêt industriel, parce qu'il estime qu'ils sont tous solidaires.

Malheureusement, ce dernier libre-échange, qui seul est le vrai, développé et soutenu par Bastiat, avec un talent et un dévouement incomparables, n'a jamais eu que de bien rares partisans dans notre monde officiel et parmi les économistes vivants en renom. Cependant, si nous ne voulons attendre qu'il ne soit trop tard, le moment est venu de répandre les saines doctrines économiques, puisque la mise en pratique des fausses doctrines, en honneur jusqu'à ce jour, nous a conduits à une crise agricole, commerciale et industrielle dont nous ne sommes pas les seuls à souffrir, j'en conviens, mais qui, en se prolongeant, risque de nous conduire à la misère générale.

III.

Ayant encore beaucoup à dire et ne voulant pas que mon honorable collègue, M. Dombre, puisse m'accuser d'abuser vis-à-vis de lui du droit de réponse, je prends le parti de m'adresser directement aux lecteurs du *Moniteur des soies :*

J'ai dit que le libre-échange en honneur dans les hautes régions politiques, dans la grande et la petite presse, le seul connu du public, n'était autre chose que l'art de *protéger* l'industrie manufacturière, l'agiotage et le grand commerce d'exportation, aux *dépens* des autres industries, principalement de l'industrie agricole et des consommateurs.

Mais on ne trompe pas ainsi tout un peuple sans lui avoir, au préalable, perverti le sens moral au moyen de sophismes aussi habiles qu'audacieux. Les principaux sophismes sur lesquels on s'est appuyé, pour pouvoir mettre en pratique l'iniquité économique consacrée par les traités de 1860, sont : le sophisme des *grands courants commerciaux* et le sophisme des *matières* dites *premières* et dites *vierges de tout travail humain.*

Le premier de ces sophismes se trouve développé, avec un grand talent, dans un remarquable discours prononcé, par M. Tézenas du Montcel, au Congrès des Orientalistes, tenu à Saint-Etienne en octobre 1875 (1).

« Deux grands courants commerciaux traversent le monde, dit l'éminent secrétaire de la Chambre de commerce de Saint-Etienne.

» L'un, partant d'Orient et du continent américain, aboutit au continent européen.

» Ce courant se compose uniquement de *produits* naturels du *sol*, qui se divisent en *matières premières* nécessaires à l'industrie, et en *produits alimentaires* de consommation naturelle.

» Vouloir renverser la direction de ce courant serait aussi impossible que de faire remonter un fleuve vers sa source...

» L'autre grand courant commercial part de l'Europe...

____

(1) Voir le *Moniteur des soies* du 30 octobre 1875.

pour aborder au continent américain... en Chine ou en Australie. Ce courant emporte presque uniquement des *produits manufacturés*.

» Ainsi, d'un côté du monde, des pasteurs, des laboureurs produisant en excès, grâce à leur beau climat, des *matières premières* et des *produits alimentaires;* de l'autre côté, les peuples d'Europe, essentiellement commerçants et industriels, qui transforment le fer et se livrent aux arts et à l'industrie textile; ce sont les peuples qui manient le *marteau* du forgeron et la *navette* du tisseur.

« Ce serait folie d'entraver par des droits de douane ce mouvement fécond de va-et-vient ».

Certainement, si ces deux grands courants non contrariés doivent nous conduire au bonheur universel ou seulement à la prospérité de la France, nous autres, agriculteurs, devons nous hâter de laisser nos terres en friche pour prendre la *navette* et le *marteau,* et nous résigner à voir notre patrie tirer de l'étranger tous les produits alimentaires dont elle a besoin.

Malheureusement, ces théories si séduisantes *(pour les manufacturiers)* rencontrent dans la pratique quelques contrariétés qui peuvent, non pas faire remonter les courants en question vers leur source, mais les arrêter sur place. C'est ainsi que les États-Unis, principal débouché, ne voulant pas rester tributaires de l'Europe pour leurs produits manufacturés, et ayant besoin d'argent pour payer les frais de leur guerre, ont demandé cet argent aux produits étrangers, qu'ils ont frappés de droits de douane élevés; à l'abri de ces droits, ils ont rapidement créé un outillage perfectionné, et aujourd'hui les produits de leurs fabriques viennent nous faire concurrence sur nos propres marchés.

Toutes les nations de l'Europe, ayant plus ou moins délaissé ou sacrifié la production agricole pour se lancer à corps perdu dans l'industrialisme, se trouvent, comme nous, encombrées de produits manufacturés invendus et peut-être invendables,

L'Angleterre, dont la patrie est partout, semblait seule pouvoir trouver son profit à l'application de ces belles théories, parce que, disait-on, ce qu'elle gagne par-delà des mers l'indemnise de ce qu'elle peut perdre dans son île natale. Cependant l'Angleterre aussi se plaint, et la crise industrielle est chez elle plus sérieuse que partout ailleurs. Et aujourd'hui, triste retour des choses d'ici-bas, il se forme, en Angleterre même, des associations anti-Cobdenistes. Cobden, encore une idole en voie de démolition, mais au moins une idole sérieuse.

Voilà pour un des deux grands courants; quant à l'autre, celui qui, du Nouveau-Monde apporte les produits du sol en Europe, il n'a certainement pas à craindre d'être contrarié par un courant de même nature venant en sens opposé, puisque l'agriculture en Europe, et principalement en France, est agonisante et condamnée à périr, condamnation qui est une conséquence forcée de l'adoption de la théorie des deux grands courants commerciaux; mais il peut être contrarié de mille manières, en dehors des droits de douane que nous pourrions lui opposer.

Je ne parlerai pas des entraves que pourrait lui occasionner une guerre quelconque, de l'Angleterre, de la France ou des Etats-Unis, puisqu'il est convenu que nous allons entrer dans l'ère de la paix universelle prêchée par l'abbé de Saint-Pierre.

La preuve, c'est que, pour ne parler que de nous, notre budget de la guerre est dix-huit fois celui de l'agriculture et dix fois celui de l'instruction publique, c'est-à-dire, permettez-moi cette digression, que nous dépensons pour l'art de nourrir les hommes 29 millions, pour l'art de les instruire 52 millions et pour l'art de les détruire 541 millions !!!

« Si tu veux la paix, prépare-toi à la guerre », dit un

vieux proverbe; donc, nous devons compter sur la paix ou jamais. Mais si, lorsque nous en serons réduits à tirer tous nos aliments de l'étranger, nous pouvons écarter la crainte des obstacles que la guerre, en entravant la liberté des mers, pourrait occasionner à notre approvisionnement, pouvons-nous croire que les contrées dont nous serons devenus tributaires seront à l'abri des épidémies animales ou végétales; que les orages, les grêles, les sécheresses, les inondations, les gelées et les mille accidents auxquels sont exposés les produits agricoles ne viendront jamais détruire leurs récoltes en tout ou en partie?

Non! nous ne pouvons l'espérer. Eh bien, lorsque quelque accident de cette nature arrivera, nous en serons réduits, comme la cigale, à aller crier famine à l'Amérique :

> La priant de nous prêter
> Quelques grains pour subsister
> Jusqu'à la saison nouvelle.

L'Amérique, qui aura récolté à peine assez pour elle, nous demandera à l'instar de la fourmi :

— Que faisiez-vous en automne et au printemps, au lieu d'ensemencer vos terres ?

> — D'un bout à l'autre de l'an,
> Nous *tissions*, ne vous déplaise !
> — Vous *tissiez*, j'en suis fort aise !
> *Mangez vos tissus maintenant.*

IV.

C'est en s'appuyant principalement sur le sophisme des *matières* dites *premières* que l'école prétendue libérale est parvenue, dans toutes les lois de douane et tous les traités de commerce, à faire sacrifier les intérêts agricoles aux intérêts industriels et commerciaux.

« Les cocons, les soies, les laines, les blés, etc., ne sont pas des *matières premières vierges de tout travail humain !* mais des produits de l'industrie humaine.

En effet, pour obtenir des cocons, de la laine, du blé, etc., il faut se livrer à une suite de travaux longs et souvent plus pénibles que pour obtenir la plupart des produits manufacturés.

Bastiat, que je voudrais pouvoir citer ici d'un bout à l'autre, dit à ce sujet :

« Pour que l'homme puisse se vêtir en drap, une foule d'opérations sont nécessaires. Avant l'intervention de tout travail humain, les véritables *matières premières* de ce produit sont l'air, l'eau et la chaleur, les gaz, la lumière, les sels qui doivent entrer dans sa composition, voilà les *matières premières* qui véritablement sont *vierges de tout travail humain*, et je ne songe pas à les protéger. Mais un premier *travail* convertit ces substances en fourrages, un second en laine, un troisième en fil, un quatrième en tissus, un cinquième en vêtements.

» Qui osera dire que tout, dans cette œuvre, n'est pas travail, depuis le premier coup de charrue qui le commence jusqu'au dernier coup d'aiguille qui le termine.

» Et parce que, pour plus de célérité et de perfection dans l'accomplissement de l'œuvre définitive qui est un vêtement, les travaux se sont répartis entre plusieurs classes d'industrieux, vous voulez, par une distinction arbitraire, que l'ordre de succession de ces travaux soit la raison unique de leur importance, en sorte que le premier ne mérite pas le nom de travail, et que le dernier, travail par excellence, soit seul digne des faveurs de la protection ? » (1)

----

(1) Voir Bastiat. *Sophismes économiques,* vol. 1, Matières premières, page 105.

On a de plus corroboré la théorie des *matières premières* par la théorie suivante qui lui est semblable : « Dans la culture du sol, la nature travaille conjointement avec l'homme ; c'est la faculté germinative de la terre qui fait éclore le grain ; la pluie et le soleil qui le .font croître et mûrir, et quoique le travail de la nature ne coûte aucune dépense, l'agriculteur le fait payer au consommateur avec son propre travail et perçoit ainsi une double rémunération, ce qui compense la protection qui est due aux *seuls produits manufacturés*, parce que seuls ils sont créés entièrement par le *travail humain*, sans la *coopération gratuite des agents naturels.* »

Bref, malgré l'absurdité flagrante de ces iniques théories, elles sont passées dans nos lois économiques, « et il en est résulté, dit Bastiat, que le tiers des Français occupés aux manufactures, a obtenu les douceurs du monopole par la raison qu'ils produisent en *travaillant ;* tandis que les deux autres tiers, à savoir la population agricole, sont livrés à la concurrence étrangère, sous prétexte qu'ils produisent *sans travailler.* »

Dans une position aussi inférieure, au point de vue économique, l'agriculture ne pouvait que marcher rapidement à la ruine ; c'est ce qui est arrivé ! Et aujourd'hui, les agriculteurs dont les yeux se sont enfin ouverts à la lumière, font entendre d'un bout de la France à l'autre des cris de détresse, car le Midi n'est pas maintenant seul à souffrir, et, en haine du faux libre-échange qu'ils ont le tort de prendre pour le vrai, ils ne voient de salut, je l'ai dit, que dans le retour au régime protecteur qui n'avait été aboli que pour eux.

Cependant, tout bien considéré, j'estime que les agriculteurs peuvent arriver à sauvegarder leurs intérêts si gravement compromis aujourd'hui en se plaçant sur le terrain du *vrai* libre-échange, dont je vais rapidement et tant bien que mal exposer les principes avec un peu plus de détails que je ne l'ai fait dans mes précédentes publications sur le même sujet.

La liberté commerciale n'est pas, comme cherchent à le faire croire ceux qui veulent exploiter à leur profit la crédulité publique, n'est pas la suppression graduelle et complète des douanes, car cette suppression ne peut s'obtenir que par le retour à l'état sauvage. En effet, les peuplades sauvages qui n'ont ni ville à paver, à éclairer, ni écoles, ni églises, ni théâtres à construire, ni armée, ni juges, ni police, ni clergé, ni instruction publique à payer, peuvent se passer de douane ; mais pour les peuples civilisés, les douanes sont le plus doux des instruments fiscaux dont ils puissent se servir dans leurs besoins ordinaires et surtout extraordinaires d'argent pour les dépenses publiques.

Les Américains, nos maîtres en bien des choses, quoi qu'en puissent dire les ennemis de la vraie liberté commerciale, ainsi que ceux de la liberté politique ; les Américains, avec leur grande intelligence pratique, l'ont parfaitement compris, puisque c'est principalement par des droits de douanes mis sur les produits étrangers qu'ils ont comblé l'énorme déficit que la guerre avait causé dans leurs finances. Tandis que nous, dans le même cas, sous l'empire de nos funestes idées économiques, et malgré les avertissements de l'illustre homme d'Etat qui était alors président de la République, nous avons surchargé d'impôts la production nationale sans rien demander à la production étrangère.

En s'adressant aux produits étrangers, si les affaires sont prospères, il s'emploie beaucoup de ces produits ; et sans que le consommateur ni le contribuable aient la main forcée, l'impôt rentre rapidement. Si au contraire les affaires chôment, l'impôt rentre lentement ; mais pendant ce temps l'industrie nationale, moins surchargée d'impôts et dont les produits ne sont pas dépréciés par une concurrence sans frein, peut se soutenir clopin-clopant et l'ouvrier n'est pas sans travail ; tandis que par le système que nous avons suivi, que le négociant et l'industriel surchargés gagnent ou perdent, il faut qu'ils payent ; que l'agriculteur ne fasse pas ses frais , il faut qu'il paie. L'impôt extraordinaire rentre ainsi plus rapidement que par les douanes, c'est vrai ! Mais la nation, qui subit cette *saignée à blanc* continue, en est éreintée pour longtemps, si jamais même elle s'en relève.

Malheureusement les douanes, qui ne devraient être en temps normal qu'un moyen fiscal de grever les produits étrangers de charges équivalentes à celles que supportent nos propres produits par l'impôt foncier, des patentes et les mille autres impôts dont ils sont frappés, ont été en grande partie détournées de leur destination.

Certaines industries, très-habiles à intéresser le législateur à leur cause, ont obtenu que des droits d'entrée de 50, 100, 200 % fussent mis sur les produits similaires aux leurs venant de l'étranger, de manière à se réserver le monopole du marché national, et cela au grand détriment du consommateur et des autres producteurs.

D'autres industries moins bien *en cour* ont seulement obtenu sur les produits similaires étrangers des droits de 20, 30 ou 40 % qui, sans empêcher entièrement la concurrence, laissent encore aux industries ainsi protégées de très-beaux bénéfices.

C'est la destruction de ces *inégalités*, de ces *faveurs*, de ces *monopoles* qui *réduisent*, qui *entravent* les transactions commerciales, parce qu'elles ne sont autre chose que le *droit au travail* doublé du *droit au profit*, que demande le vrai libre-échange.

Mais il est arrivé qu'à la faveur de la dispute qui s'est élevée entre les défenseurs des monopoles douaniers et ceux qui veulent les faire détruire en prouvant combien ils sont nuisibles à l'intérêt public, d'autres industries plus habiles

encore sont venues, et en exagérant et faussant les principes
de la liberté commerciale, au moyen des sophismes dont
j'ai parlé, ont obtenu la décharge de tout impôt compensateur sur les produits étrangers dont elles ont besoin, ce qui,
je l'ai dit, est encore de la protection aux dépens des autres industries et du consommateur, puisque les droits fiscaux qui ne sont pas pris sur ces produits sont pris en
double sur d'autres produits.

Et si, comme c'est souvent le cas, pour les soieries
par exemple, ces produits étrangers, après avoir été trans-
formés chez nous en d'autres produits, sont en majeure
partie vendus à l'étranger, c'est le consommateur étranger
qui profite de l'exemption. C'est-à-dire que les doctrines du
faux libre-échange ont surtout pour résultat de sauvegarder
les intérêts des producteurs et des consommateurs étrangers. Sans compter que, comme cela nous arrive pour l'agriculture, le travail national, occupé à la production des matières qui entrent ainsi en franchise de tout droit compensateur, se trouve dans une situation d'infériorité si grande
que toute concurrence lui devient impossible, surtout lorsque ce travail, par suite d'une guerre désastreuse, se trouve
surchargé d'impôts.

Pour résumer, au point de vue pratique, les doctrines
économiques que le manque de place et la crainte d'abuser
de la patience du lecteur m'ont obligé d'exposer d'une manière si incomplète, voici un *projet* de *vœu* que j'ai eu
l'honneur de soumettre à la Société des agriculteurs de
France et à la Société d'agriculture du Gard dans leurs dernières réunions :

« En vertu des principes de la liberté commerciale, qui
» veulent que nulle industrie ne soit protégée au détri-
» ment des autres industries et du public, les agriculteurs
» demandent :

« 1° Que les droits de douane excessifs qui frappent les

» fers, les houilles, les draps, les cotonnades, les sucres,
» etc., étrangers, soient réduits à un simple droit fiscal
» compensateur de 10 % environ.

» 2° Que les produits étrangers tels que les laines, les co-
» cons, les soies, les cotons, les blés, les bestiaux, etc.,
» qui entrent aujourd'hui en franchise ou à peu près, ce
» qui est contraire à *l'égalité devant les douanes*, base du
» *vrai* libre-échange, soient grevés d'un droit fiscal com-
» pensateur de 10 % ».

. . . .

Enfin, si nous voulons résumer l'ensemble de cette étude, nous en arrivons à poser la question suivante : Est-il utile, nécessaire, indispensable à la prospérité de la France que l'industrie agricole soit sacrifiée à l'industrie manufacturière, ou ne vaudrait-il pas mieux permettre à ces deux industries de vivre côte à côte en les soumettant, l'une et l'autre, au régime de *l'égalité devant les douanes*, conséquence forcée du principe de *l'égalité devant la loi*, qui régit tout notre droit social ? Je laisse à l'intelligence et au bon sens du lecteur le soin de répondre.

Eugène de Masquard,
Libre-échangiste de l'école de Bastiat
et de Léonce de Lavergne.

POST-SCRIPTUM.

L'étude qu'on vient de lire ne fut pas mise en brochure; mais elle fut reproduite par plusieurs journaux du Midi, ce qui me permit d'avoir l'honneur de l'adresser à M. le Président de la République, à MM. le Président du Sénat et de la Chambre, ainsi qu'à un grand nombre de sénateurs et députés influents.

Peu de temps après, j'eus la satisfaction de voir les Sociétés d'agriculture du Gard (1), de Vaucluse et la plupart des Sociétés ou Comices agricoles dont les décisions sont venues à ma connaissance, se prononcer dans le sens que j'indiquais. Toutes furent à peu près unanimes à demander l'égalité de traitement pour l'agriculture et l'industrie, par l'établissement d'un droit fiscal compensateur de 10 % environ sur tous les produits étrangers, sans en excepter les blés.

La Société des Agriculteurs de France, dans sa session générale de février 1879, s'était aussi prononcée dans le même sens, mais avec un peu moins de résolution. Mais dans sa session générale de février 1880, ladite Société, après le remarquable discours de son

---

(1) Voir le remarquable rapport de M. U. Molines sur *les Traités de commerce et l'agriculture méridionale.* — *Bulletin de la Société d'agriculture du Gard,* n° 12. Décembre 1878.

président, M. de Dampierre, et la magnifique discussion qui suivit le très-intéressant rapport de M. de Haut, et à laquelle prirent part, entre autres, MM. de Roys, Sciama, Bordet, et principalement M. Pouyer-Quertier, dont l'argumentation vigoureuse et saine souleva les plus vifs applaudissements, la Société des agriculteurs de France, dis-je, renouvelle ses vœux de l'année précédente en les accentuant avec plus de netteté.

On lit, en effet, dans son Annuaire de 1880, p. 124 :
« *La Société des agriculteurs de France émet le*
» *vœu suivant :*

» *1° Que dans le tarif général des douanes à in-*
» *tervenir, les intérêts de l'agriculture et de l'in-*
» *dustrie soient réglés en vertu des mêmes princi-*
» *pes ;*

» *2° Que tous les produits agricoles étrangers,*
» *ayant des similaires dans l'agriculture fran-*
» *çaise, soient soumis à un droit compensateur qui*
» *ne soit pas inférieur à 10 °/₀ ;*

» *3° Que s'il intervient des traités de commerce,*
» *la réciprocité en soit la base* ».

M. Pouyer-Quertier, dont l'influence a été pour beaucoup dans ces résolutions aussi justes que modérées, vient d'être nommé rapporteur général de la commission sénatoriale du tarif des douanes, à la grande satisfaction de tous les agriculteurs, qui se sont repris à espérer. Ils ne pouvaient, en effet, désirer un meilleur choix.

Ce qui m'a le plus surpris dans la lecture du remarquable débat dont je viens de donner les conclusions, ç'a été de voir l'étonnement des agriculteurs du Nord et leur colère de ce que M. le Ministre de l'Agriculture et du Commerce avait affirmé « *que l'agricul-*

ture ne souffrait pas ». Cet étonnement des agriculteurs du Nord m'a prouvé qu'ils devaient ignorer la longue lutte que soutiennent depuis longtemps les agriculteurs du Midi contre la coterie qui entoure le ministre, et qui est parvenue à lui persuader, comme elle l'avait fait à ses prédécesseurs, qu'en agriculture, *tout était pour le mieux sous le meilleur des ministres possible.*

Je crois donc utile, pour le succès commun, de les mettre un peu au courant de cette lutte ; c'est ce que je ferai dans la prochaine étude, en donnant un court historique de nos efforts stériles.

Le 1er janvier 1880, j'ai publié sur ce sujet une brochure intitulée : *le Troisième fléau régnant*, dédiée aux membres de l'Académie de médecine, et dans laquelle je disais, vers la fin, à propos de la nomination de M. Millaud comme rapporteur pour les soies à la commission des douanes de la Chambre des députés :

« Pauvre industrie sérigène, s'il lui restait encore
» une lueur d'espoir, voilà le *faux libre-échange* dont
» je parlais tout à l'heure qui souffle dessus et
» l'éteint…

» Dans ce tarif des douanes, soyez-en certain, par-
» tout où l'intérêt industriel et l'intérêt agricole se
» trouveront en présence, ce sera ce dernier qui sera
» sacrifié ; ainsi le veut le faux libre-échange (1). »

---

(1) Voir ladite brochure, page 23. J'ai eu l'honneur d'adresser une centaine d'exemplaires de ce travail à la Société des Agriculteurs de France, quelques jours avant l'ouverture de sa session générale de février 1880. Je me plais à croire que cet envoi est parvenu à sa destination ; mais je n'en ai reçu aucun avis de réception, et les membres de ma connaissance auxquels j'en ai demandé des nouvelles m'ont dit ne pas en avoir entendu parler.

Sachant que la première bataille, et la plus importante, se livrerait à la Chambre sur la question séricole ; que si cette première bataille était perdue, l'agriculture serait battue sur toute la ligne, je fis faire une deuxième édition de mon *Troisième fléau régnant*, que je fis distribuer au Sénat et principalement à la Chambre des députés ; mais craignant, non sans raison, que le contenu de ma brochure ne fût pas lu par les destinataires, je mis sur la couverture l'appel suivant, pensant que tout au moins la couverture serait lue :

HONORABLES LÉGISLATEURS,

La sériciculture agonisante vous salue ! et ose vous dire, par la voix d'un de ses plus anciens défenseurs, que si vous la condamnez à mort en lui refusant la justice qu'elle vous réclame, sa disparition entraînera fatalement la ruine de la filature, du moulinage et du tissage des soies ; ce sera une simple question de temps (1).

Elle ne vous demande pas cependant une protection de 40 à 50 % *ad valorem*, comme le ferait, en moins grande détresse, la première industrie manufacturière venue ; la protection pour l'agriculture ou une de ses branches, ce serait, grand Dieu ! vous demander de sauter d'un seul bond d'un pôle à l'autre (2). Non, ses prétentions ne sont pas aussi grandes ; elles se bornent à vous voir arriver, en

____

(1) On aurait pu croire qu'avec l'abondance et l'avilissement du prix de la matière première, la fabrique devait entrer dans une ère de grande prospérité ; c'est le contraire qui est arrivé, ainsi que je l'avais prédit dans ma lettre à M. de Meaux, lorsqu'il était ministre de l'agriculture et du commerce, insérée au *Moniteur des soies*.

(2) Voir *le Troisième fléau régnant*, pages 21, 22.

sa faveur, jusqu'à l'équateur économique, c'est-à-dire jusqu'à ce juste milieu qui est la justice, l'égalité devant la douane. Elle espèrerait donc revivre avec l'aide de Dieu et de la science laïque, dont l'action ne sera pas toujours entravée par la science officielle, si elle pouvait obtenir un simple droit fiscal d'importation de 10 °/₀ environ sur les étoffes de soie, les soies filées et ouvrées, et principalement sur les cocons, dont la production est la base des industries qui constituent la sériciculture nationale.

Aux libres-échangistes inexpérimentés, elle dit : Prenez garde : trompés par les sophismes d'habiles protectionnistes masqués, vous allez faire du faux libre-échange et discréditer pour longtemps le véritable ; ce qui n'a déjà été que trop bien fait par les traités de 1860-1862. Or, méfiez-vous des doctrines des bonapartistes, surtout lorsqu'ils parlent de liberté.

Le vrai libre-échange conspué, vilipendé, sous l'empire, qui le regardait, avec raison, comme son plus grand ennemi, a été formulé par l'illustre et malheureux Bastiat en une courte loi de douanes en deux articles que voici :

ART. 1ᵉʳ. — *Toute marchandise importée payera une taxe de 5 °/₀ de la valeur ;*

ART. 2. — *Toute marchandise exportée payera une taxe de 5 °/₀ de la valeur* (1).

La République ne peut avoir comme l'Empire deux poids et deux mesures : protection pour les puissants et abandon pour les misérables ; elle doit, au contraire, prendre pour devise : *protection pour tous* ou *libre concurrence pour tous*, ce qui se résume dans ce principe dont la République doit faire un dogme : *Egalité devant la douane.*

QUE DIEU ÉCLAIRE ET INSPIRE VOTRE PATRIOTISME ! honorables législateurs, car la loi du tarif général des douanes que vous allez discuter est, pour l'avenir de la France, la plus importante loi que vous puissiez enfanter : selon que

_____

(1) BASTIAT, *Sophismes économiques*, I, page 208.

vous y ferez du vrai ou du faux libre-échange, de la compensation raisonnable ou de la protection exagérée, vous placerez notre jeune République sur des bases solides ou vous tracerez la voie qui nous ramènera fatalement au césarisme ; au césarisme qui ne meurt jamais, parce que la Providence le tient éternellement en réserve pour la punition des peuples qu'une civilisation mal conduite a rendus incapables de conserver ou d'acquérir les vertus républicaines, vertus dont la principale, vous le savez, est *la justice, l'égalité devant la loi, devant l'impôt.*

Veuillez agréer les vœux sincères et respectueux de l'auteur du petit écrit ci-inclus, dont la lecture apprendra à ceux de vous qui peuvent l'ignorer, dans quelle détresse nous avons laissé tomber une industrie qui était autrefois une des plus riches branches de la fortune française et qui fera encore, pendant bien des siècles, la prospérité de tant d'autres nations, moins faciles que nous à se laisser prendre au clinquant de fausses théories.

Hélas ! malgré tout le mal que, comme tant d'autres, je me suis donné pour éclairer la religion de nos législateurs , malgré les énergiques plaidoyers de MM. de Valfons et Louhet, malgré l'éloquent discours de M. Madier de Montjau, la sériciculture a subi, on le sait, un échec si grave à la Chambre des députés, que ses futurs défenseurs au Sénat en ont été même découragés (1).

(1) Les défenseurs de la sériciculture à la Chambre commirent une faute grave de tactique et de principe, en considérant les cocons comme matière première et en ne demandant aucun droit compensateur sur les cocons étrangers. C'était ouvrir soi-même la brèche à l'ennemi qui y passa très-habilement. Et je crains bien qu'au Sénat la même faute ne soit commise, si on en juge par les décisions de sa commission.

Cette première défaite des intérêts agricoles, comme on devait s'y attendre, a été suivie de défaites non moins graves sur tous les autres points des mêmes intérêts. En effet, malgré les efforts patriotiques de MM. Viette, Guichard, de Roys et autres vaillants défenseurs de l'agriculture, la majorité de la Chambre, peu au courant des questions économiques, s'est mise aveuglément à la remorque des bonapartistes et a pris M. Rouher pour porte-drapeau. On s'étonne vraiment que de jeunes et intelligents républicains comme MM. Devès, Millaud et Rouvier se soient laissés entraîner, par des intérêts de clocher, à employer leur grande éloquence à restaurer l'Empire dans ses doctrines les plus antirépublicaines et les plus funestes à la prospérité de la France.

Maintenant, nous voici à la veille des débats auxquels le Sénat va se livrer sur les mêmes questions. Espérons que les défenseurs de l'agriculture ne compromettront pas leur cause en faiblissant sur les questions de principes par un esprit intempestif de temporisation, et qu'ils demanderont énergiquement l'établissement de droits compensateurs, aussi bien sur les cocons, les blés, les laines et autres matières soi-disant premières, que sur tous les autres produits agricoles ou manufacturés.

En attendant, voulant venir en aide aux efforts de la Société des agriculteurs de France, dont j'ai l'honneur de faire partie depuis peu, et pour lui payer mon écot de nouveau venu, je vais lui indiquer ici les vœux les plus urgents selon moi qu'elle devrait émettre dans sa prochaine session, après ceux concernant le tarif des douanes :

Quoique la suppression du ministère de l'agriculture soit depuis longtemps dans les désirs des agriculteurs les plus autorisés du Midi, parce que de tout temps ils ont été contrariés par cette administration, et qu'ils prétendent que l'Angleterre n'a pas de ministère de l'agriculture et que les intérêts agricoles de cette nation ne s'en portent que mieux ; de plus, quoique cette suppression ait gagné de nombreux partisans parmi les agriculteurs du Nord et du Centre, par suite de l'hostilité du ministre dans la discussion du tarif des douanes, je me bornerai à ce sujet à proposer à mes collègues les vœux suivants :

Séparation du ministère de l'agriculture d'avec le ministère du commerce.

Cette séparation, qui a été très-vivement discutée il y a vingt ou trente ans, est aujourd'hui un peu oubliée. C'est ainsi que les meilleures réformes avortent par le manque de persistance.

Séparation du conseil supérieur de l'agriculture d'avec le conseil du commerce et des manufactures, et son recrutement par l'élection, conformément à la loi (1).

Réorganisation de la commission supérieure du phylloxera et sa nomination par les sociétés ou comices agricoles intéressés.

Que sous l'Empire, la nomination de pareilles commissions ait été livrée au bon plaisir du ministre, cela se comprend, parce que l'infaillibilité gouvernementale était dans l'essence du régime impérial ; mais avec la République, l'omnipotence ministérielle en pareille matière est une anomalie insupportable à tout républicain quelque peu soucieux de voir la France s'habituer peu à peu au *self government* , sans

____

(1) Vœu formulé déjà par la Société des agriculteurs de France et divers comices agricoles.

lequel notre République ne serait qu'un changement d'étiquette.

Mais la réalisation de ces vœux et de tous ceux que les agriculteurs pourraient émettre, ne produirait que des résultats précaires sans la réalisation du vœu suivant, qui doit servir de base à tout l'édifice :

Séparation de la science et de l'État.

La science libre dans l'État libre.

Certainement, s'il est une industrie qui soit assez grande fille, assez instruite pour se passer de la tutelle de l'État, et soit capable de vivre sans protection, par ses propres forces, c'est sans contredit l'industrie des savants. En effet, peu de temps après le siège de Paris, l'Académie des sciences elle-même, par la voix de ses membres les plus autorisés, a demandé la liberté de la science et sa décentralisation (1).

Mais nous, agriculteurs, c'est dans notre intérêt que nous devons demander la séparation de la science et de l'État, parce que :

1° Si la plupart des hommes qui s'étaient dévoués à la régénération de la sériciculture, et qui travaillaient à leurs frais, ont été découragés, et si quelques-uns d'entre eux, après s'être ruinés par amour de l'intérêt public, sont morts ou meurent dans un état voisin de la misère, c'est parce que le gouvernement a réservé tous ses encouragements et tous ses fonds disponibles à la sériciculture scientifique et officielle ;

2° Si, après avoir été ruinés par une épizootie qui dure depuis trente ans, les malheureux éleveurs de vers à soie, c'est-à-dire une douzaine de départements,

____

(1) Voir aux documents de la prochaine étude : *de l'influence de la viande de cheval et de celle d'âne sur l'entendement des savants.*

n'ont pu obtenir aucun secours, pas même un simple dégrèvement d'impôts, c'est à la science officielle qu'ils le doivent ;

3° Si la commission supérieure du phylloxera a fait rendre tant de décrets attentatoires à la liberté et à la dignité des viticulteurs, c'est que cette commission, sous l'influence de la science officielle, a persuadé au gouvernement et aux Chambres que les populations agricoles du Midi étaient si ignorantes, si routinières, qu'il était indispensable de leur envoyer des gendarmes pour les obliger à laisser médicamenter officiellement leurs vignes par les procédés *infaillibles* que la science officielle avait découverts ;

4° Si, au grand étonnement des agriculteurs du Centre et du Nord, et non pas à l'étonnement de ceux du Midi, M. Tirard, dont on ne saurait suspecter le patriotisme et les bonnes intentions, a affirmé que « *l'agriculture ne souffrait pas* », c'est parce que la science officielle ou l'agriculture officielle, ce qui est tout un, a fait tout au monde pour le lui persuader, comme elle l'avait déjà persuadé à tous ses prédécesseurs depuis une quinzaine d'années.

En un mot, pour l'agriculture, la science officielle, *voilà l'ennemi !*

Que ceux qui en doutent, que ceux qui ignorent la lutte que, dans le Midi, nous avons en vain soutenue contre l'influence funeste de la coterie scientifique qui est toute-puissante au ministère de l'agriculture, qui y est seule écoutée, veuillent bien lire l'étude qui suivra celle-ci. En attendant, ils peuvent lire mon *Troisième fléau régnant* ; ce troisième fléau, qui a fait presque autant de mal que tous ceux qui ont fondu sur l'agriculture dans ces derniers temps, n'est autre chose que l'influence de la coterie en question, et contre laquelle les agriculteurs ne sauraient trop se garder, parce qu'elle aura toujours intérêt à tromper le gouvernement, la presse parisienne et l'opinion publique sur la véritable situation de l'agriculture. Or, la cause la plus juste est certaine de succomber, si elle a contre elle le gouvernement, la presse parisienne et l'opinion publique, c'est-à-dire l'opinion des grandes villes,

DISCOURS

*Prononcé à l'inauguration de la bibliothèque populaire de
Saint-Césaire-lès-Nimes, le 15 octobre 1870.*

Mesdames et Messieurs ,

Notre hameau a eu le grand avantage de posséder ,
depuis une cinquantaine d'années, d'excellents instituteurs :
M. Humbert, un *suisse ;* M. Travier, un bachelier ès-
lettres ; M. Vièles, notre instituteur actuel depuis 23 ans,
lequel est, vous le savez, muni d'un brevet supérieur et
vient, pour récompense de son mérite et de ses longs services, de recevoir la grande médaille d'argent (1).

Mais l'école sans la bibliothèque populaire, c'est la cou-
vée que la poule abandonne la veille de l'éclosion ; c'est
le grain de blé mis en terre et ne pouvant germer faute
d'humidité. En créant, par souscription, une bibliothèque
publique à Saint-Césaire, nous aurons donc rendu un
incontestablé service au pays.

(1) Depuis lors, M. Vièles a été nommé officier d'Académie.

Cette bibliothèque, il est vrai, commence dans de bien modestes proportions ; mais, si elle n'est pas riche quant à la quantité, elle ne saurait l'être davantage quant à la qualité, puisque, en outre des livres élémentaires indispensables, elle contient les principaux chefs-d'œuvre publiés ou traduits en français soit en morale, histoire, littérature, économie politique, agriculture, etc.

Espérons qu'avec l'aide de Dieu ses ressources augmenteront peu à peu et que, dans quelques années, elle formera une collection suffisante pour les besoins de ses abonnés, dont le nombre augmenterait rapidement, j'en suis certain, si l'on parvenait à détruire une erreur très-enracinée dans notre village, comme dans toute la France, au reste (1).

Cette erreur, qui s'oppose à la propagation des lumières dans les campagnes, et par conséquent, aux progrès de l'agriculture, consiste à croire *que pour travailler la terre on en sait toujours assez.*

L'homme des champs a autant besoin de cultiver son intelligence que l'homme des villes. — L'instruction est utile à tout le monde : au riche comme au pauvre, au propriétaire cultivateur comme au simple ouvrier.

Ainsi, par quelques notions de droit rural, le propriétaire peut éviter de s'engager dans des procès ruineux ; par quelques notions d'hygiène, de médecine populaire, l'ouvrier pourra éviter bien des maladies, et malade, il ne laissera plus de côté le remède du médecin pour prendre celui du charlatan qui le coucherait sous la terre, position peu favorable pour la cultiver. Faute de quelques saines notions d'histoire et d'économie politique, qui lui eussent permis d'entrevoir l'abîme où les conduisait une

---

(1) Depuis sa fondation, notre bibliothèque s'est considérablement accrue par le produit de plusieurs ventes, qui ont été des réjouissances pour le pays. On ne saurait trop conseiller ce moyen aux fondateurs de bibliothèques.

politique immorale, les agriculteurs français ont constamment voté *Oui*, lorsqu'ils auraient dû voter *Non ;* et maintenant il leur faut, bon gré, malgré, laisser la bêche et la charrue, pour prendre le fusil et aller arroser de leur sang la terre qu'ils croyaient ne devoir arroser que de leur sueur.

N'oublions jamais, à notre honte et pour notre plus grand profit, qu'au début de la guerre les Prussiens nous ont dit, avec autant d'arrogance que de vérité, hélas ! « Nous vous vaincrons, parce que chacun de nos soldats en sait autant qu'un de vos officiers » (1).

En effet, lorsque les soldats sont instruits, les officiers ont obligés de l'être en proportion ; alors il est impossible de placer à leur tête des Frossard, des Lebœuf, des Failly, des Palikao et autres satrapes plus soucieux de leur bien-être et de leurs intérêts que du salut de la patrie.

Il est incontestable aussi qu'avec plus d'instruction, et partant plus d'élévation morale, l'armée française n'aurait jamais consenti à jouer le rôle oppressif que lui avait imposé l'empire, rôle dont elle a été la première à subir les fatales conséquences.

Nos malheurs actuels, soyons-en convaincus, ont pour principale cause notre indifférence pour l'instruction, notre mépris pour les livres qui la donnent ; car mépriser les livres, c'est rejeter le moyen le plus sûr, le plus puissant, de progrès et de moralisation qu'ait pu inventer l'esprit humain.

En effet, les animaux pensent, raisonnent et acquièrent de l'expérience pendant leur vie ; mais ils ne peuvent la transmettre à leurs descendants.

L'homme seul, grâce à la faveur que Dieu lui a faite de le douer d'un organe intellectuel plus complet, plus puissant, a su trouver le moyen de reproduire ses idées

(1) Lettre du colonel von Holstein à M. de Girardin, parue dans tous les journaux.

par des sons, c'est-à-dire a inventé la parole, et par la parole il a pu transmettre à ses descendants les fruits de son expérience ; mais voyant combien ce moyen de transmission était borné, il inventa l'écriture, puis l'imprimerie, c'est-à-dire le *livre*. Et par le livre, l'enfant qui sait lire peut s'approprier, instantanément et sans aucune peine, l'expérience, le savoir des penseurs, des savants de tous les siècles et de tous les pays.

Veut-il être bon fils et devenir un jour bon ami, bon époux, bon père, bon citoyen, bon chrétien ? Il n'a qu'à employer ses loisirs à lire les écrits ou la vie des hommes qui se sont illustrés par leurs talents, leurs vertus, leur dévouement à la patrie, au bien public.

Enée, Cordelia, Fabre, Sombreuil, lui apprendront la piété filiale ; Pénélope, Orphée, Eponine, la fidélité conjugale ; Léonidas et ses 300 Spartiates lui montreront comment on résiste à l'étranger ; et Jeanne d'Arc, comment on le chasse de la patrie ; Fabricius lui apprendra à préférer la pauvreté à l'or mal acquis ; Régulus, à être esclave de sa parole ; Socrate, comment on meurt pour la vérité ; Francklin, comment on devient un homme ; et Jésus, le divin Jésus, comment on doit aimer Dieu et son prochain.

Nous nous occupons beaucoup, en France, en parole du moins, du perfectionnement de l'Etat ; mais ce ne sera, je ne cesserai de le dire, ni par des révolutions, ni par des décrets, ni par des constitutions que nous y parviendrons, mais en instruisant et en moralisant le peuple.

Quand, dans une nation, le progrès intellectuel et moral ne marche pas de pair avec le progrès matériel, cette nation, quelle que soit sa prospérité apparente, devient bientôt la proie de l'anarchie et du despotisme qui la livrent sans défense à l'étranger.

Dans mon ouvrage *les maladies des vers à soie* (1),

____

(1) Paris, a la librairie agricole, rue Jacob, 16 ; chez tous les principaux libraires et chez l'auteur, rue Raymond-Marc, Nimes.

publié en 1868, et dont vous trouverez plusieurs exemplaires dans notre bibliothèque, je disais, en m'adressant aux instituteurs, auxquels cette publication est dédiée :

« A l'œuvre donc, car l'espèce humaine est menacée à
» son tour de la maladie des *Gattines* (maladie de la pour-
» riture). L'égoïsme, la vanité, l'amour du luxe et des
» jouissances matérielles, ces *termites* des nations, la
» rongent au cœur ; l'esprit civique, le dévouement au
» bien public, si vivant encore au moyen âge dans nos
» vieilles cités du midi de la Gaule, disparaît de plus en
» plus pour faire place à cette maxime dissolvante : *Cha-*
» *cun pour soi et l'État pour tous.* »

« En vérité, en vérité, je vous le dis, et j'ai bien peur
» d'être une seconde fois prophète : (1) *Malheur* à la
» France, si elle ne se hâte d'inscrire résolument sur son
» drapeau ces trois mots, symbole obligé des temps
» modernes :

« Agriculture, Instruction publique, Vertu. »

Ces sinistres pressentiments, que je n'étais pas sans doute le seul à avoir, *ont commencé* à se réaliser bien plus promptement qu'on ne pouvait le croire ; heureusement pour nous, dirai-je, car la France possède certainement encore assez de sève pour retrouver dans l'adversité sa virilité perdue, chasser les Prussiens et fonder une République durable, parce qu'elle sera assise, non sur de vieilles utopies, mais sur des principes rationnels et régénérateurs, fondation qui, soyons-en bien pénétrés, est notre seule ancre de salut.

Un homme dont nos historiens attardés se sont plu à

____

(1) En 1853, l'auteur avait prédit que la culture des vers à soie, qui avait été jusque là une source de richesses pour le Midi de la France, deviendrait une source de *misère*, grâce à notre incurie pour les questions agricoles et à notre amour de la routine, prédiction dont l'accomplissement radical a été hâté par l'intervention inconsciente de la sériculture officielle. Voir ma brochure : *le Troisième fléau régnant.*

exalter la sanglante gloire , un ambitieux inhumain, dont nous payons aujourd'hui et payerons longtemps encore les erreurs et les fautes, dans un de ces moments de lucidité suprême qui précèdent souvent la mort des grands coupables, a prédit qu'un jour l'Europe serait républi- caine ou Cosaque. Nul doute que cette prédiction ne s'accomplisse, et elle s'accomplira dans l'une ou l'autre de ses parties, selon que nous le voudrons, car l'homme, jouissant de son libre arbitre, est maître d'aller en avant ou en arrière, vers le bien ou vers le mal, selon son désir.

Si nous voulons que l'Europe ou du moins la France rede- vienne cosaque, comme elle commençait à l'être sous le pre- mier et plus encore sous le second empire, et qu'elle reste co- saque pour toujours, rien de plus facile : nous n'avons qu'à fermer les écoles, brûler les bibliothèques et continuer à rendre un culte fervent à Plutus (dieu des richesses). Si, au contraire, nous voulons que la France reste enfin répu- blicaine, et qu'à son exemple l'Europe entière le devienne un jour, ouvrons partout des écoles, créons partout des bibliothèques et retournons au culte du vrai Dieu, que nous n'avons que trop abandonné pour notre malheur !

Si vous doutez de ces affirmations, lisez l'histoire des Etats-Unis et de ses grands hommes : Franklin, Washing- ton, Lincoln, et vous verrez que la prospérité inouïe de cette grande République a pour bases *l'école, la bibliothè- que, l'église*. Et ces trois choses, non pas aux frais de l'Etat, mais la première aux frais de la commune et les deux autres aux frais des particuliers. En Amérique, cha- cun est libre d'adorer Dieu comme il l'entend, et celui qui veut des pasteurs, des curés, des rabbins, des muftis ou des bonzes peut les avoir, pourvu qu'il les paye de ses pro- pres deniers, ce qui est parfaitement juste.

Mais pour qu'un peuple soit capable de jouir d'une pa- reille liberté et sache réduire l'Etat à de si sages limites, il faut qu'il possède les principales vertus républicaines si ce n'est toutes. Or, ces vertus ne peuvent se puiser qu'à deux sources auxquelles encore il faut s'abreuver en même temps. Ces deux sources, je vous l'ai dit, sont l'*instruction* et la *religion*.

En d'autres termes, sans instruction, point de religion, si ce n'est le *fétichisme*, et sans religion pas de bon citoyen ni de bon soldat, attendu que celui qui ne croit pas à l'immortalité de l'âme, n'ayant d'autre Dieu que lui-même, d'autre tabernacle, d'autre patrie que sa bourse, est capable de toutes les lâchetés pour sauver sa vie ou son argent. Si nos ancêtres, les Gaulois, professaient un si grand mépris de la mort, c'est qu'ils croyaient à la vie future ; et si, malgré leur grande bravoure, ils finirent par être subjugués par les Romains, c'est que, par une anomalie facile à expliquer, leur instruction n'était pas à la hauteur de leur principal dogme religieux ; parce que les druides, très-éclairés, eux, avaient pour principe, comme les théocrates de tous les temps et de tous les lieux, de tenir le peuple dans l'ignorance et la superstition, afin de mieux conserver leur domination sur lui.

Vous pouvez me dire que les Romains, malgré leur savoir en tout genre, devinrent à leur tour la proie de la conquête. C'est vrai ; mais si les Romains, malgré leur colossale puissance, leur grande civilisation et leur grande science, eurent une fin si misérable, c'est parce que, devenus très-riches par la conquête d'abord, puis par le commerce et l'industrie, ils préférèrent, aux mœurs sévères de la République, la mollesse et la corruption du régime impérial ; car si, comme le dit Montesquieu, la vertu est le principe des républiques, le sensualisme, la concussion et le vice sont, paraît-il, les principes des empires. Nous venons d'en avoir un éclatant témoignage par les dix-huit années du règne de notre moderne Sardanapale.

Le rapprochement est, j'en conviens, peu flatteur pour la mémoire du Sardanapale antique. Lui, non-seulement ne dut pas le trône à un Deux-Décembre, mais vaincu, après plusieurs années de résistance, il eut le courage de préférer la mort à la honte de tomber vivant aux mains de l'ennemi.

Je me suis plu, Messieurs, à éveiller votre curiosité, en vous citant des personnages dont beaucoup sont inconnus à la plupart d'entre vous ; mais il vous sera bien facile de faire promptement leur connaissance, si vous savez mettre à profit les ouvrages qui sont aujourd'hui à votre disposition.

Eugène DE MASQUARD,
président du Comité de fondation.

Extrait du **Bulletin de la Société d'Agriculture du Gard**
(numéro du 1er trimestre de 1872).

DES NOUVEAUX IMPOTS

ET DES

TRAITÉS DE COMMERCE

par Eugène de MASQUARD.

MESSIEURS,

Il y a plus d'un an que, dans un travail intitulé : *Du rôle des Sociétés d'agriculture* (1), je vous disais : « Si l'agriculture, qui porte la plus forte part de l'impôt, n'a pas seulement des gardes champêtres, tandis que l'industrie a des chambres et des tribunaux de commerce, des Conseils de Prud'hommes, des écoles gratuites de dessin, de fabrication, etc., et *une armée de douaniers qui veille pour elle aux frontières*, la faute en est aux agriculteurs, qui se renferment dans les préoccupations de l'intérêt privé, pendant que les industriels attendrissent, par leurs doléances, législateurs et gouvernants, ou les effrayent par des menaces de guerre civile.

Nous venons de voir, au sujet des nouveaux impôts, se confirmer, d'une manière frappante, la thèse que je soutenais ce jour-là devant vous. En effet, il s'agissait, il s'agit

____

(1) Bulletin de la Société d'agriculture du Gard, octobre 1870.

encore, de savoir si le complément de notre rançon doit être demandé en partie au capital mobilier et à l'industrie, par la création de nouveaux impôts, ou si l'on se bornera à augmenter les anciens impôts, qui frappent principalement sur la propriété rurale et sur ses produits.

En présence d'une question aussi importante, les Sociétés d'agriculture ont généralement gardé le silence pendant que les capitalistes et les industriels jetaient les hauts cris : Imposer l'argent, mais c'est vouloir tarir la source de la fortune publique, du crédit de l'Etat ! ont dit capitalistes et agioteurs : Imposer les matières premières étrangères, ont dit les industriels, c'est détruire le travail national, mettre les ouvriers sur la paille. « Je ne réponds plus de la tranquillité de ma cité, si on impose les matières premières », écrit au gouvernement le maire de Saint-Etienne.— Avec l'intérêt de l'ouvrier, on fait valoir celui du consommateur.

Je ne veux pas entrer dans une discussion même superficielle de la question, ce qui nous entraînerait trop loin ; mais qu'on me dise ce que le consommateur a gagné au dégrèvement des laines étrangères, par exemple ? L'ouvrier paie-t-il son habit 0,05 cent. de moins ? Non. Mais il paie sa viande 40 ou 50 cent. de plus par kilog., et toutes les autres denrées ont augmenté en proportion, parce que, si l'agriculteur ne peut se livrer avec profit à l'élève des bêtes à laine, il manque de fumier, et le manque de fumier c'est le manque de récolte.

Je ne dis pas qu'il ne soit très-utile d'avoir à bas prix les matières qui servent à fabriquer des paletots, des robes et des bas ; mais il est encore plus utile d'avoir à bas prix les matières indispensables à l'alimentation de l'homme. Or, on ne pourra empêcher ces matières d'arriver à des prix excessifs, qu'en prenant des intérêts agricoles autant de soin que des intérêts industriels et commerciaux. Mais comment le législateur pourra-t-il s'apercevoir qu'il laisse affreusement pencher la balance, si pendant que les Chambres de commerce se lèvent et

crient comme un seul homme, « les Sociétés d'agriculture continuent à rester inactives ».

La Société des agriculteurs de France a seule fait entendre sa voix au sujet des nouveaux impôts; mais si
cette voix reste isolée, elle sera étouffée sous les clameurs
poussées par les défenseurs de l'industrie et du capital.
En conséquence, je viens vous demander, Messieurs, d'ap-
puyer les résolutions de ladite société demandant au gouvernement que *les matières premières étrangères et les
valeurs mobilières ne soient pas seules exemptées des
charges que nous a laissées la guerre.*

Et de plus, je vous engagerai à demander la dénon-
ciation des traités de commerce, afin que ces traités
puissent être remaniés dans un sens plus réellement libre-
échangiste, et surtout dans un sens plus conforme aux
intérêts ruraux, que les dits traités ont sacrifiés, bien plus
encore que les intérêts industriels, comme je vais le
prouver à ceux de vous qui peuvent l'ignorer :

L'empire, de honteuse mémoire, était pour la science
économique de la même force que pour la science militaire. En effet, il n'a pas été plus habile à conduire nos
produits à Londres que nos armées à Berlin.

. . . .

Les passages supprimés ici ont été donnés pages 24 et 25.

. . . .

Depuis la séance où j'avais commencé la lecture de ce
travail, j'ai reçu de la Société d'agriculture de la Drôme
une adresse-pétition dont les conclusions sont à peu
près conformes à celles que je vous ai déjà demandé
d'adopter dans la dite séance (1). — La Société d'agriculture de Vaucluse a aussi, à la même époque, émis le
vœu que les traités fussent remaniés dans un sens plus
conforme à la justice.

Le moment est venu pour les agriculteurs de parler

____

(1) Séance du 28 janvier 1872.

haut et ferme, s'ils veulent que la France puisse se relever de son abaissement moral.

En se jetant à corps perdu dans l'industrie et le commerce, les nations peuvent arriver rapidement à une prospérité éblouissante ; malheureusement, cette prospérité conduit infailliblement à l'abîme.

A l'œuvre donc, Messieurs, et du courage ; sachons mettre à profit la terrible et double leçon que nous venons de recevoir par la guerre étrangère et la guerre civile : faisons tous nos efforts pour faire rendre à l'agriculture la place qui lui appartient dans l'Etat , si nous ne voulons que l'histoire puisse dire un jour en parlant de la France : elle pouvait être Rome et préféra être Carthage ; Carthage qui ne savait vouloir ni la paix, ni la guerre, ni la liberté, ni le despotisme (hélas ! comme nous aujourd'hui).

C'est en effet le propre des nations qui ont fait du mercantilisme à outrance, de devenir incapables de se défendre contre les attaques des nations agricoles, et de ne plus avoir en politique d'autre alternative que l'anarchie ou le despotisme.

Après Carthage, Rome elle-même a laissé un exemple éclatant de cette loi fatale ; lorsque, maîtresse du commerce du monde entier, elle eut peu à peu délaissé l'agriculture ; que les campagnes se furent peu à peu dépeuplées et les grandes villes encombrées, elle dut dire un éternel adieu à la liberté et se soumettre au despotisme des César, par peur des entreprises d'une populace qui versait des larmes à la mort des Néron.

Nous n'en sommes pas encore là en France ; mais nous n'en sommes pas trop loin. En conséquence, je vous propose, je le répète, d'adresser au Gouvernement et à la Chambre les vœux suivants :

1° Que les matières premières étrangères et les valeurs mobilières supportent leur part des nouveaux impôts ;

2° Que les traités de commerce en voie d'être dénoncés soient remaniés dans un sens plus conforme à la justice, et par conséquent plus conforme aux intérêts agricoles ;

3° Que la loi du 21 mars 1851, qui veut que l'Agriculture ait un conseil supérieur électif pour défendre ses intérêts, soit mise à exécution (1).

4° Que les cours de physique et de chimie appliqués aux arts, qui existent dans un grand nombre de villes, comprennent aussi la chimie agricole ; et, qu'en un mot, l'agriculture soit enfin dotée de tous les moyens d'instruction et de progrès dont jouissent depuis longtemps l'industrie et le commerce.

(1) Depuis la publication de ce petit travail, on a, en apparence, mis ce vœu à exécution. Seulement le Conseil supérieur de l'agriculture, au lieu d'être électif, a été nommé au bon plaisir du ministre, puis noyé dans le conseil du commerce et des manufactures, ce qui l'a en grande partie annihilé.

Nimes. — Imprimerie Clavel-Ballivet et C⁰, rue Pradier, 12.